Le chiot et le chien

Camilla de la Bédoyère

Texte français de Claudine Azoulay

Les mots en caractères **gras** sont expliqués dans le glossaire de la page 22.

Catalogage avant publication de Bibliothèque et Archives Canada

De la Bédoyère, Camilla
Le chiot et le chien / Camilla de la Bédoyère ;
texte français de Claudine Azoulay.

(Cycle de vie)
Traduction de: Puppy to dog.
ISBN 978-1-4431-1633-6

1. Chiens--Cycles biologiques--Ouvrages pour la jeunesse.
I. Azoulay, Claudine II. Titre. III. Collection: Cycle de vie
(Toronto, Ont.)

SF426.5.D4414 2012   j636.7   C2011-905551-1

Édition publiée par les Éditions Scholastic,
604, rue King Ouest, Toronto (Ontario) M5V 1E1.

5 4 3 2 1   Imprimé en Chine CP141   12 13 14 15 16

Auteure : Camilla de la Bédoyère
Conceptrice graphique et recherchiste d'images : Melissa Alaverdy

Références photographiques
Légende : h = haut, b = bas, c = centre, g = gauche, d = droite
Alamy 12 blickwinkel, 14 Juniors Bildarchiv, 16 Simon Hart, 17 Juniors
Bildarchiv
Corbis 6 Herbert Spichtiger, 13 Michael DeYoung
FLPA 1 Mark Raycroft/Minden Pictures, 7d Bernd Brinkmann
NPL 10 Jane Burton, 17 Jane Burton
Photolibrary page couverture Stefanie Krause-Wieczorek/Imagebroker.net,
1h et 8b Phoebe Dunn, 5 Malcom Penny, 15 Justin Paget, 19 Juniors Bildarchiv,
20-21 Edwin Stauner
Shutterstock quatrième de couverture Jan de Wild, 2g Potapov Alexander,
2d Africa Studio, 3h Erika Mihaljev, 4-5 Jean Frooms, 6-7 artur gabrysiak, 8h
Liliya Kulianoniak, 9h cynoclub, 9 Eric Isselée, 11 Aleksey Ignatenko, 18 Zocci,
18h Eric Isselée, 19h Perig, 20 Boris Djuranovic, 21h clearviewstock, 22-23 Eric
Lam, 24 adomaswillkill, 24bd Eric Isselée

Table des matières

Qu'est-ce qu'un chien?   4

Les races de chiens   6

L'histoire d'un chien   8

Devenir amis   10

Une nouvelle vie   12

Il faut se préparer   14

Les chiots sont nés   16

Grandir   18

Comment vivent les chiens?   20

Glossaire   22

Index   23

Notes aux parents et aux enseignants   24

Qu'est-ce qu'un chien?

Les chiens sont des **mammifères**. Les mammifères ont des poils et donnent naissance à des bébés qu'ils **allaitent**.

Les chiens sont intelligents et ont un odorat développé. La plupart des chiens sont des **animaux domestiques** ou des animaux de compagnie. Ils peuvent vivre dans notre maison.

truffe

⇨ **Le nez du chien s'appelle la truffe.**

4

Certains **canidés** vivent à l'état sauvage. Le loup, le renard et le dingo sont des canidés, comme le chien.

⇨ **En Afrique, les lycaons chassent en groupe. Un groupe de chiens s'appelle une meute.**

Certains chiens sont des chiens de travail. Ils aident les gens, comme les policiers, à accomplir des tâches importantes.

Les races de chiens

Il existe un grand nombre de **races** de chiens, comme les dalmatiens, les bouledogues, les setters irlandais et les caniches.

Les chiens de certaines races sont de petite taille. Les chiens d'autres races sont de grande taille. Certains aiment creuser, d'autres adorent nager.

⇦ **Les caniches sont des chiens intelligents. Ils ont le poil frisé.**

caniche

teckel

⇨ **Les chiens de race les plus petits s'appellent des chiens miniatures.**

setter irlandais

⇦ **Les setters irlandais ont le poil long, soyeux et roux.**

Les chiens n'appartenant à aucune race s'appellent des bâtards.

L'histoire d'un chien

Les bébés chiens s'appellent des chiots. Les chiots nouveau-nés sont petits et fragiles. Ils doivent grandir beaucoup pour devenir des chiens adultes.

Ils peuvent ressembler à leur mère, à leur père, ou être un mélange des deux.

Les chiots changent en grandissant. Un jour, les chiennes auront des bébés à leur tour.

⇨ **Les chiots naissent avec les yeux fermés. Ils ouvriront les yeux après quelques jours.**

2

1

⇧ **Ce chiot a trois semaines.**

3

La période durant laquelle un chiot naît, grandit et devient un chien s'appelle le **cycle de vie**.

4

⇧ **Ce chiot a quatre mois. Il a beaucoup grandi.**

⇨ **Un chien peut vivre dix ans ou plus. Les chiens de certaines races vivent plus longtemps que ceux d'autres races.**

9

Devenir amis

Avant d'avoir des chiots, une chienne doit **s'accoupler** avec un chien. Ils font d'abord connaissance.

Les chiens aiment se flairer mutuellement. Ils en apprennent beaucoup les uns sur les autres d'après l'odeur qu'ils dégagent.

⇧ **Quand des chiens se rencontrent, ils se flairent.**

mâle

Le chien et la chienne s'accouplent. Le mâle **féconde** les minuscules ovules présents dans le corps de la femelle.

femelle

⇐ **Les chiens ne doivent pas s'accoupler avant l'âge d'un an.**

Une nouvelle vie

Seuls les ovules fécondés de la femelle deviendront des chiots.

Quand une femelle porte des ovules fécondés, elle est enceinte. La **période de gestation** dure de deux à trois mois.

⇧ Cette femelle dalmatien a un gros ventre. Ses chiots se développent à l'intérieur de son corps.

Les chiots puisent leur nourriture et se
développent dans le corps de leur mère.
Le ventre de la chienne grossit.

⇨ **Même enceintes,
les chiennes aiment
se promener et faire
de l'exercice.**

13

Il faut se préparer

Plus le temps passe, plus la chienne enceinte a besoin de repos. Ses chiots continuent de grossir et elle mange davantage.

La chienne trouve un coin sombre et calme où dormir. Elle prépare cet endroit pour ses chiots.

⇧ La chienne a besoin d'un lit moelleux, placé dans un endroit chaud.

14

Quand les chiots sont sur le point de naître,
la chienne arrête de manger et s'installe dans
le coin tranquille qu'elle a préparé.

⇦ La chienne est
fatiguée. Elle doit
se reposer
avant que
les chiots
naissent.

15

Les chiots sont nés

La chienne donne naissance à un groupe de chiots, appelé une **portée**. La plupart des portées comptent environ six chiots.

Les chiots naissent **sourds**, aveugles et sans défense. La mère les lave avec sa langue. Elle reste auprès de ses chiots, les nourrit, les tient au chaud et les protège.

⇧ **Cette chienne a donné naissance à huit chiots.**

⇨ **Les chiots se nourrissent du lait de leur mère. Ils ne sont pas encore capables de manger de la nourriture solide.**

La mère a des **tétines** sur son ventre. Les chiots tètent le lait des tétines.

⇨ **Les chiots dalmatiens naissent sans taches. Les taches apparaîtront après quelques semaines.**

Grandir

Les chiots âgés de deux semaines entendent et voient. Ils s'assoient et regardent autour d'eux.

Bientôt, ils feront leurs premiers pas et voudront explorer le monde qui les entoure.

Les chiots restent avec leur mère jusqu'à ce qu'ils aient dix semaines environ. À ce moment-là, ils sont capables de manger de la nourriture solide et de jouer.

2

⇧ **Quand ils sont assez âgés, les chiots peuvent aller dans un nouveau foyer.**

1

⇦ **Les chiots nouveau-nés ont besoin que leur mère prennent soin d'eux.**

⇨ Les chiens commencent à manger de la nourriture solide quand ils ont trois à quatre semaines.

⇩ Le chiot a grandi. Il est devenu un chien adulte.

3

19

Comment vivent les chiens?

Les chiots grandissent vite. Certains chiens deviennent des animaux de compagnie. D'autres chiens ont un travail important à accomplir.

Les chiens sont intelligents; ils peuvent apprendre à obéir à des ordres. La plupart des chiens aiment être actifs. Ils ont besoin de beaucoup d'exercice.

⇧ Les golden retrievers peuvent servir de chiens d'assistance. Ils aident les personnes aveugles ou sourdes.

À l'âge d'un an, la plupart des chiens peuvent devenir un père ou une mère. Et le cycle de vie recommence.

⇑ Les border collies aident les fermiers à garder les moutons.

⇓ Les huskies sont des chiens forts. Ils tirent les traîneaux sur la neige.

21

Glossaire

Allaiter
Nourrir de son lait un petit (caractéristique des mammifères).

Animaux domestiques
Animaux qui ne sont pas sauvages. Les animaux de compagnie ou les animaux de ferme sont des animaux domestiques.

Canidés
Famille de mammifères dont font partie les chiens, les renards et les loups.

Cycle de vie
Période durant laquelle un être vivant se transforme de la naissance à la mort et produit des petits.

Féconder
Quand un mâle féconde l'ovule d'une femelle, celui-ci peut se développer en un nouvel être vivant.

Mammifères
Les mammifères sont des animaux à poils. Les femelles nourrissent leurs petits avec leur lait.

Période de gestation
Se dit de la période durant laquelle une chienne porte des bébés dans son ventre, de la conception à la naissance.

Portée
Groupe de chiots qui sont nés en même temps.

Race
Sorte de chien.

S'accoupler
Quand un mâle féconde l'ovule d'une femelle, on dit que les chiens s'accouplent.

Sourd
Qui n'entend pas.

Tétines
Parties du corps de la chienne que le chiot tète pour avoir du lait.

Index

accouplement 10–11, 22
allaiter 4, 22
animaux de compagnie 4, 20

canidés 5, 22
chiens d'assistance 20
chiens miniatures 7
chiens de travail 5, 20–21
chiots 8–9, 12–19
cycle de vie 9, 21–22

flairer 10

lait 4, 16–17

mammifères 4, 22
meute 5

nourriture 14–19

ovules fécondés 11–12, 22

poils 4, 6–7
portée 16, 22

races 6–7, 22
    border collie 21
    caniche 6
    dalmatien 12, 17
    golden retriever 20
    husky 21
    setter irlandais 6–7
    teckel 7

sens 4, 16, 18

tétines 16–17, 22
truffe 4

23

Notes aux parents et aux enseignants

Feuilletez le livre et parlez des illustrations. Lisez les légendes et posez des questions sur les éléments qui apparaissent sur les photos et qui ne sont pas mentionnés dans le texte.

En naviguant sur Internet*, effectuez des recherches sur les races de chiens.

Imaginez des moyens de décrire les différentes races de chiens. Les chiens sont-ils grands, petits, minces ou gros? Observez les couleurs et la longueur des poils, ainsi que le type de queue des chiens afin d'établir des différences et des ressemblances entre les races.

Tout comme les bébés, les chiots demandent beaucoup de soins et d'attention. Discutez de ce que les bébés sont capables de faire et de ce que les adultes doivent faire pour eux. Recherchez par quels moyens les bébés apprennent à faire des choses eux-mêmes et de quelle manière ils changent en grandissant.

Préparez-vous à répondre à des questions sur le cycle de vie humain. Beaucoup de livres sur ce sujet offrent des explications conçues pour les jeunes enfants. Discutez de ce que font les parents humains pour se préparer à l'arrivée de leur bébé.

En lui parlant de sa famille, on aide l'enfant à comprendre les processus de reproduction et de croissance. Dessiner des arbres généalogiques simples, regarder des photos de l'enfant alors qu'il était bébé et partager des histoires familiales avec les grands-parents sont des moyens amusants de susciter l'intérêt des jeunes enfants.

*La maison d'édition décline toute responsabilité quant aux informations, aux liens ou à tout autre contenu des sites Internet.